상처를 만지다

남태식 시인은 2003년 ≪리토피아≫로 등단했다. 시집으로 『속살 드러낸 것들은 모두 아름답다』, 『내 슬픈 전설의 그 뱀』, 『망상가들의 마을』이 있다. 리토피아문학상, 김구용시문학상을 수상했다. 계간 ≪리토피아≫ 편집위원이며 막비시동인으로 활동하고 있다.

e메일 : tsnbd@hanmail.net

리토피아포에지 · 104
상처를 만지다

인쇄 2020 3. 20 발행 2020 3. 25
지은이 남태식 펴낸이 정기옥
펴낸곳 리토피아
출판등록 2006. 6. 15. 제2006-12호
주소 22162 인천 남구 경인로 77(숭의3동 120-1)
전화 032-883-5356 전송032-891-5356
홈페이지 www.litopia21.com 전자우편 litopia@hanmail.net

ISBN-978-89-6412-131-3 03810

값 10,000원

이 도서의 국립중앙도서관 출판예정도서목록(CIP)은 서지정보유통지원시스템 홈페이지(http://seoji.nl.go.kr)와 국가자료종합목록 구축시스템(http://kolis-net.nl.go.kr)에서 이용하실 수 있습니다. (CIP제어번호 : CIP2020010174)

남태식 시집

상처를 만지다

LITERATURE & UTOPIA

시인의 말

33년 근무했던 직장을 곧 떠납니다. 직장 앞에 '정든'이라고 붙이지 않는 것은 최근 들어 든 정이 많이 나가서일 것입니다. 우체국은 이미 오래전부터 추억과 낭만의 공간이어서 20년을 낭만풍의 '우체국장 시인'으로 불렸지만, 추억은 몰라도 우체국에서 낭만을 찾을 수 없게 된 것은 꽤 되었습니다. 하지만 낭만이 사라진 우체국에서 낭만의 '우체국장 시인'으로 불리며 사는 것도 그리 나쁘지는 않았는데 그것도 이제 곧 끝입니다.

낭만의 '우체국장 시인'의 자리에서 물러나는 지금 네 번째 시집을 냅니다. 첫 시집을 제외하고 '우체국장 시인'으로 불리면서도 우체국을 소재로 한 시를 굳이 쓰지는 않았는데, '우체국장 시인'을 끝내는 지금 어쩌면 이제부터 우체국을 소재로 한 시를 새삼스레 쓰게 될지도 모르겠다는 생각을 합니다. 낭만은 몰라도 우체국에서의 추억은 있어서일 것입니다.

두 번째의 한 세상 잘 살았습니다. 세 번째의 한 세상도 잘 살았으면 좋겠다는 생각을 합니다만 어떨지는 알 수가 없습니다. 이 봄날에 때가 되면 늘 오는 꽃소식처럼 번지는 어떤 바이러스 감염증 같습니다. 그러나 유심하다면 예감은 할 수 있겠습니다. 추억과 늘 재회하며 사는 것도 예감 중의 하나이기는 합니다만 여전히 다 알 수는 없으니 유심하고 또 유심하게 새로 맞는 한 세상을 봐야겠구나 생각할 뿐입니다.

2020년 따뜻한 겨울 지나 추운 봄날에

남태식

차례

제1부 이별의 공식

제2부 그 시린 물빛

제3부 봉창 사는 법

제4부 행간 읽기

| 제1부 |

이별의 공식

길치

무작정 따라나섰던 언덕 위의 그 집은
숨 찬 몇 개의 골목과 비탈을
길게 늘어뜨리고 있었다.

골목은 술래마냥 번번이 길을 숨겨서
밤눈 어두운 너는
허둥거리며 진땀에 푹 젖고는 했는데
매번 오르면서도
일찍 내린 정류장은 알지 못했다.

낮눈마저 어두워진 너는
처마 바로 끝에 매달린 정류장을
그대를 잃고 그 집마저
잊은 뒤에서야 알았다.

빈 방

너는 말하고 애인은 울었다.

너는 바다와 산과 도시의 골목을
애인은 버스정류장과 빈 방을
오래 기웃거린 뒤였는데

기다림의 뿌리에 대하여
한 뿌리의 기다림에 대하여
뻗어나간 기다림의 여러 줄기에 대하여

기다림의 하늘이 들지 않아 어둡고 쓸쓸해
빈 방일 수밖에 없는 빈 방에서
너는 말하고 애인은 울었다.

언 땅이 풀리기 전 꽃이 피기 전
애인은 떠났다.

애인은 그대를 안았을까.

언 땅이 풀리고 꽃이 필 때까지도
너는 빈 방을 떠나지 못했다.

애인이 뿌리에 닿았다는 풍문을 들었을 쯤에는
너는 이미
암종 같은 빈 방을 여럿 주렁주렁 달고 있었다.

빈 강

소용돌이에 휩쓸린 어린 물맴이들에게
제 여러 남은 몸들을 하나씩 다 내어주고
그대는 한꺼번에 마저 늙어서
강을 비우고 바다로 갔다.

약혼자가 있었다고 했다.
혼례를 앞두고 있었다고 했던가.

아닌 척 그리움을 보채어
너도 그대의 살을 받은 적이 있었다.
모른 척 밤새
그대의 살내에 취했던 너 역시 물맴이였는데
몸 하나를 내어주면서
그대는 정녕 너를 몰랐을까.

너는 그 약혼자를 알지 못했다.
약혼자는 너를 알았을까.

북녘을 넘어넘어 왔다기도 하고
남녘을 돌아돌아 이르렀다기도 하는
그대가 비운 그 강은 이미 잊었지만

그때부터였던가,
네 몸에 빈 강이 자라기 시작한 것이.
네 빈 강에 그대의 살이 흘러,
넘쳐 가끔씩 소용돌이쳐 터지는 것이.

빈 못

그 날 밤 그 못 가의 숲을 나와
그대는 더 깊은 숲으로 갔다.

다 주겠다고 했던가, 다 주었다고 했던가,
토해내던 신음 끝에
갔다가 다시 온다고 했던가.
못에 연꽃이 피기에는 이른 철이었다.
꽃도 달도 없는 밤 숲에서
그대는 온몸으로 꽃대를 받아 안았다.

너는 반 잠을 잤다.
깨어서는 반 잠, 자면서는 반 깸.
탕 속에 빠진 듯 너는 낮밤 없이 젖었다.
꿈속에서 그대는 육중한 몸을 벗고
자주 하늘로 날아올랐다.

그 날도 반 잠의 꿈속이었던가.

갑작스레 몰려와 그대와 엉키는 한 떼의 구름이
웅크린 네 몸 위로 삽시간에 소나기를 퍼부었다.
구름을 터뜨리는 총성을 들었던 듯도 하고……,
너는 해일처럼 일어나 반 잠을 꿈을 밀었다.

그 해 여름이 다가도록
그 못에는 연꽃이 피지 않았다.
숲을 이룬 너른 잎들은
바람결에 파도처럼 일렁거렸지만
그대의 소식은 실어 오지 않았다.

십 수 년 후 네가 다시 그 못을 찾았을 때
그 못에는 마른 꽃대들만 꼿꼿 못을 지키고 서 있었다.
못은 꽃 안 피워 올린 지 십 수 년쯤 된다고 했다.

잊을만하면 전화를

잊을만하면 전화를 하던 이가 있었다. 잊을만하면 전화를 해서 울던 이가 있었다. 울면서 하던 레퍼토리는 늘 같은 이야기. 지겨워 전화를 끊고 싶을 때도 있었지만 그러다가 또 오래 전화가 없으면 궁금해졌다. 늘 같은 시간이었다. 늘 술에 조금 취해서였다. 갈까 하면 오지 마, 어디야 하면 집. 그대 외에는 아무도 없는 고향집, 엄마의 집.

잊을만하면 전화를 하던 이가 있었다. 잊을만하면 전화를 해서 울던 이가 있었다. 어쩌다 가끔 소식을 듣기는 했지만 다시 만난 건 이십여 년 만. 한 동안 또 연락이 없기에 잊고 있었는데 어느 날 어느 도시에 있는 병원이라면서 전화를 했다. 갈까 하니 퇴원해서 봐. 그리고 다시 연락이 끊겼다. 꽤 오래 전화가 없었다.

그 날 자정쯤에 너는 전화를 받았다. 그대의 유일한 혈육이 살고 있다는 또 다른 도시의 병원에서 걸려온 그대가 죽었다는 그대의 전화. 그 밤 택시와 기차를 번갈아 타고 도착한 그 도시의 화장장에서 너는 그대의 가족을 처음 보았다. 영정을 든, 미처 말을 배우기도 전에 헤어진 그대의 어린 아이의 눈동자는 그저 맑았다.

그리고 그 후 그대는 절대 못 잊는 너의 하늘이 되었다. 잊을만하면 전화를 하던, 잊을만하면 전화를 해서 울던, 이가 있었다. 하늘이 된 그대, 벌써 십 수 년이다.

무지개는 입치리처럼

그 아침 어떤 병의 예감도 없이
네 입술 왼 언저리에 입치리가 왔다.

그 날 너는 그대의 부음을 들었다.

오래 전 그대는
너의 무지개가 되겠다고 했던가.
그대의 우물은 아늑했지만
그 때 이미 너는 바람이었다.

붙박인 그대가 안으로 웅크리는 동안
너는 가끔 돌아와 팔을 활짝 벌렸지만
마르지 않는 우물 곁에서도
바람은 늘 더워서 조갈燥渴스러워 했다.

그대를 떠나 너는
결국 네 무지개를 품었던가.

그 새벽 밤새 혼자 뒤척이던 그대는
웅크림을 풀고 우물을 벗어나
피가 빠지고 살이 녹고 뼈가 마르는
제 우물을 물끄러미 바라보다가
이제는 제가 바람이 되어 너에게 들러
네 곁에 잠시 머물렀던 것일까.

혹 외려 네가 그대의 무지개?

그 겨울 입치리는 자주 너를 찾았다.
오거나 가거나 어떤 병의 예감은 없었다.

슬픔의 표정

늦은 아침에서야 너는
엷지기 한 하늘이 밤새
안녕을 고했음을 알았다.

장례를 치르는 내내
너는 어떤 슬픔의 표정도
그릴 수가 없었다.

희번덕이는 뱀들은 너를 향해
혀와 손을 널름거렸지만
장례가 끝날 때까지
잊은 표정은 살아오지 않았다.

두고두고

상처는 덧났다.
슬픔의 표정을 앗겼던 너는

더 긴 밤
자주 고요의 늪에 곤두박였다.

어이가 없구나, 시간이여!
아무에게도 너는 그 상처를
들키지 않았다.

천방지축天方地軸

가족을 다 이루자 그대는
천방으로 갔다.

천방지축 한다고 수군거렸으나
그대는 뿌리를
지축에 굳게 내린 나무였다.

가슴을 헤집으면 끓어올라 용솟음쳐
네 메마른 잔뿌리를 촉촉하게 적셨다.

천방지축 한다는 수군거림에
짐승의 반열에까지 올려진 그대는
품계가 버거웠던가
없는 짐승의 탈을 벗고 뿌리를 들어
전형의 세상으로 나가 가족을 이루었다.

마침내 전형적인 가족을 다 이루자

부리나케 그대는 천방으로 갔다.

이번에는 네가 지축이 되어
그대를 받았다.
그대는 지축에 다시 뿌리를 내렸다.

그때부터다,
수십 년 간 그대가
너의 숲에서 천방지축 하는 것은.

너의 숲이
슬프게도 터질 듯 푸른 이유다.

인사

어린 그대는 돌아오지 않았다.
너는 인사를 하지 못했다. 그 밤,
어린 그대는 줄기찬 빗발에
가냘픈 빛발에 실려 갔다.

그 날도 비가 억수로 왔다.
차를 놓쳤는데 심부름은 해야 한다고
어린 그대는 빗발 속을 헤치고 갔다.
그 날이 그 하루뿐이었을까.
수양자收養子는 가족이 아니었다.

그리하여 일찍 늙은 어린 그대가
누렇게 웃었다. 희미하게 웃었다.
웃는 얼굴이 흐릿해져서
그 밤에 너는 어린 그대의
얼굴을 놓쳤다. 차를 놓쳤다.

〈

너는 미처 인사를 하지 못했다.
어린 그대는 어디까지 갔을까.
너는 무심한 척 번번이 안부를 잊는다.
안부를 잊고 돌아서는 너를 향해
어린 그대가 웃는다. 웃음의 색깔은
그 밤처럼 누렇다. 희미하다. 간간
맑다. 밝다. 이제라도 인사를 할까.

너는 아직 인사를 하지 못했다.

실종

여러 번을 번갈아 서로의 먼 벽장을 찾다가
불러 네가 다다른 숲은
그대에게는 결국 도시가 끝나는 곳이었으나
네게는 그저 도시의 외곽

그곳에서 그대는 막무가내로 도발했다.
숲에 들기 전 다 내지르지 못한 충동이 새삼 그리운 듯
남은 평생의 분출을 한 번에 다 끝내기라도 하는 듯
그대는 거칠었고 거리낌이 없었다.

큰 산 큰 바위의 환상이 없다면
그대가 들고자 하는 숲은 또 다른 벽장
그대는 왜 굳이 그 아래 숲으로 들기부터 했을까.

큰 산 큰 바위의 눈길이 느껴졌지만
너는 그대를 멈출 수는 없었다.
많은 그대들이 소리소문 없이 사라졌어도

그 모두 가타부타할 수 없는 실종들
불러준 그대가 차라리 눈물겨웠다고나 할까.

만날 때 이미 예고된 이별이었어도
마지막 만남은 늘 그렇듯이 열연으로 치달았고
묵약의 시간이 오자 숲에서 도시로
이번에는 네가 먼저
서둘러 그대의 명부에서 실종하였다.

그대는 벽장을 부서뜨렸을까.
큰 산 큰 바위의 더 깊은 숲에 들어
큰 산 큰 바위로 우뚝 섰을까.
너는 아쉬운 실종을 유지하였다.

안절부절

늦은 아침이었다.
아침은 이미 끝났고
점심은 미처 오지 않아서인가
손님은 물론 없고
홀을 지키는 주인도 종업원도 없어
식당은 조용했다.
주방장이 나와 주문을 받고
다시 주방으로 들어갔다.
앉은 자리에서 주방은 멀어
바로 보이지 않았다.
구석자리에 놓인 특이하게 생긴 그릇을
물끄러미 보던 네가
불쑥 새된 목소리로 까륵
웃음을 터뜨렸다.
어머, 재떨이네!
홀 안에 그 목소리가 퍼지기도 전에
옆자리에 앉아있던 그대가

네 허리를 툭 치며
눈을 흘겼다.
들어!
낮게 소곤거렸다.
늦은 아침이었고
미처 점심은 오지 않아
식당은 텅 비어 있었다.
너는 대수롭지 않은 듯 무심했으나
그때부터 갑자기 그대는
안절부절못했다.

안절부절못했다.

너를 이끌고 그대가
처음으로 벽장을 벗어난 날이었다.

먼 끝

너의 첫 입술을 훔치고……,
그대는 일방적으로 끝을 선언하며
뱀처럼 꼿꼿하게 등을 세웠다.

예정된 이별을 미처 알지 못했던 너는
한동안 그대의 곁을 배회하다가
결국 먼 곳으로 떠났다.

오랜 시간이 흐르면서
너는 여러 그대를 만나고
예정된 이별을 반복하였는데
너는 매번 너를 처음 훔친
그대에게로 돌아오고는 했다.

그대의 입술에 대한 생각만으로
너는 곧잘 아무 때나 아무 곳에서
그대와의 어둔 방으로

순간 이동을 했다.

너 또한 처음은 알지 못해도
실상 그대의 단꿈을 훔쳤다.

이별이 곧 끝은 아니어서
예정된 이별은 모두
이별일 뿐 끝이 아님을 알기까지
너는 긴 시간을 잃었다.

그리하여 이제 너는 모든 끝을
저 멀리 민다.

저 먼 끝,
예정된 이별이 없다.

이별의 공식

잎이 돋기 전에
꽃이 먼저 피듯

꽃이 진 뒤에
잎이 뒤늦게 돋듯

이별 전에
이별이 있었고

이별 후에
이별이 있었다.

바람이 오기 전에
눕는 풀처럼

바람이 지난 뒤에
굳는 뿌리처럼

머물 수가 없어서
서둘러 울고

오래 아팠지만
망각은 없었다.

상처를 만지다

태초에 상처가 있었다.
빛이 드러나지 않아
어둠에 잠긴 궁창은
한 치 앞이 안 보였고
만지지 않은 궁창 아래의 땅은
진창으로 황무하여
길이 없었다.

그 황무한 진창에서
너는 칼을 들어 상처를 도려내고
오래도록 색을 입혀
빛을 드러내었다.
상처를 누르고 빛을 품은 색은
마침내 상처를 안고 색을 품은
빛이 되었다.

서서히 밝아오는 궁창

마르며 길을 내는 땅

시간이 흐르고
어느 날
너는 어떤 신음을 들었다.
빛이 드러난 뒤에도
고스란히 남은
색으로 덧입혀지지도
빛으로 다 스며들지도 않는
상처의 신음이었다.

숨기고 덧입혔어도
상처는 오롯이 살아
자라기를 멈추지 않았구나.
쌓고 이루며 만지는 색과 빛은
모두 상처일 뿐이었구나.

〈

그날부터였던가.
네가 색을 품은 빛 속에 숨겨진
상처를 찾아 다시 만지기 시작한 것이.

빛이 드러나기 전 태초에
상처가 있었다.
너는 이 밤도 상처를 만지고 있다.

* 그림에 시, 김완 「Touch the color & light」.

| 제2부 |

그 시린 물빛

모른 척

천장은 2017년 11월 15일 내 사는 포항 지진 이전에는 다만 애써 김춘수였지만, 지진 이후에는 자연스런 김수영이다. 눈을 감고 뜰 때마다 나는 이제 천장을 모른 척할 수가 없다. 벽도 기둥도 모른 척할 수가 없다.

* 시에 시, 최라라 「천장」.

수구守舊

올리브비누를 보았다.
옆자리에 3단의 높이로 놓여 있었다.
리어왕이 사랑한 프로방스의 향기라고 쓰여 있었다.
애초에는 옆자리의 올리브비누를 알지 못했다.
올리브비누 하나를 들었더니 향이 강했다.
애초에는 느끼지 못했던 올리브비누의 향이었다.

잠시 자리를 비웠다가 들어오면서
3단의 높이로 옆자리에 놓인
올리브비누를, 올리브비누의 향을 잊었다.
앉자마자 올리브비누의 향이 온몸을 감쌌다.
급기야는 올리브비누의 향이 온 카페에 가득 찼다.
올리브비누를 보지 않았어도 향이 온몸으로 느껴졌다.

나는 지금 올리브비누의 향에 싸여 있다.
카페를 나서기 전까지 이 올리브비누의 향에 취할 것이다.
보기 전에는 애초에 느끼지 못했던 향이었지만

이건 사실일까.
한 번도 꽃 피는 순서 어긴 적 없이
꽃들은 아직 피고 있을까.

순서 없이 꽃들이 지고 피고 또 지고 있다.

* 시에 시, 안도현 「순서」.

그 시린 물빛 봤어?

그 시린 물빛은 어떤 빛일까.

갈 데까지 다 가서 더 이상
갈 데가 없는 막장빛일까.
이리 치이고 저리 치이며 내몰려도
꾹꾹 참는 주먹울음빛일까.
일 없어도 늘 누군가에게 흠씬 두들겨 맞은 듯
온몸 쑤시는 푸르딩딩한 멍빛일까.

땅이 꺼진 줄도 모르고
그 움푹 파인 구덩이 속으로
한없이 끌려들어가는 자포자기빛일까.
그래도 산 사람은 살아야지 끌려나오면서
마음 다잡아먹는 또 자포자기빛일까.

그 시린 물빛은 어떤 빛일까.

시를 읽다 말고

도로가에 쏟아지는 빗줄기를 내다보다가
창문을 흔드는 바람을 물끄러미 쳐다보다가
천정을 보다가
바닥을 보다가

비 오네
바람 심하네
태풍이 장난이 아니네
혼잣소리를 중얼중얼하며
한참을 멍하니 앉아 있었는데

혹 이런 빛일까.

그냥 멍하니 멍 때리는 빛.
〈

뱃전을 때리는 빛
광장을 떠도는 빛.

그 시린 물빛은 어떤 빛일까.

* 시에 시, 허문태 「목포댁, 물빛」.

꿈꾸기

아빠는 꿈이 뭐야. 으음, 내 꿈은 시인. 그럼 아빠는 꿈을 이뤘네. 시인은 됐고 이제 아빠는 꿈이 뭐야. 으음, 내 꿈은 시인. 시인은 됐는데 뭔 꿈이 또 시인이야. 으음, 됐어도 아빠 꿈은 여전히 시인. 인간은 시시해지면 끝장이야. 시시하다. 대단한 데가 없어서 보잘 것 없다. 좀스럽고 쩨쩨하다. 어린 자식들은 이제 다 자라서 아빠에게 더 이상 꿈을 묻지 않는다. 나 역시 아이들에게 꿈을 묻지 않는다. 꿈은 묻고 답하는 퀴즈 풀기가 아니니까. 네 팸은 우리 팸과 다른 것 같애. 같은 것은 아무 것도 없다. 소현이의 꿈은 무엇이었지. 꿈을 이루는 하나의 방법이 꿈꾸기라면 소현이의 꿈은 혹시나, 꿈꾸기? 어쩌면 우리 모두의 꿈 역시 꿈꾸기일 수도 있다. 꿈은 꾸기 위해서 있는 것이니까. 꿈은 꾸는 동안만 꿈이니까. 꿈은 하나의 강박이다. 꾸고 있는 동안만은 아름다운 강박. 시시한 꿈은 없다. 시시해도 꿈이다. 꿈이 끝장인 것은 시시해서가 아니라 시시해져서이다.

* 영화에 시, 조현훈 「꿈의 제인」.

기차역과 냉면집은 무슨 상관이 있나

기차역과 냉면집은 무슨 상관이 있나.

없어진 기차역은 없어져 이제 이도저도 아니지만
사라진 것은 모두 추억이 되어 그저 아름답기만 하여
그냥 가기는 아쉬워 이것저것 섞인 냉면을 먹으면서
잠시 지나간 기억들을 살려도 보게 장소를 제공하니

얼치기 냉면역은 추억을 팔아 돈을 버는 얼치기일지라도
얼치기가 아닌 추억이 된 기억들은 세월이 흐르면서
이리저리 비틀려 또 얼치기가 되기도 했겠지만
잠시 머물러 비둘기호나 통일호를 타게 하기도 하니

이 가을에 사라진 기차역의 그 얼치기 냉면집에 들러
비둘기호나 통일호를 타고 이 역 저 역 들르며
잊은 기억마저도 추억이 된 기억과 섞어 다시
더 큰 추억으로 만들어 리듬을 타는 꿈을 꾸게도 하니
〈

냉면집은 기차역과 아무런 상관이 없지는 않겠다는
몽상에 빠지는데 자르지 않은 면발처럼 긴 기차가 문득
흔들흔들 가고 느릿느릿 가고 부지런히 가며
추억을 불러내어 흘러간 노래를 부르게 하니

기차역과 냉면집은 무슨 상관이 있냐고 묻는
물음은 그만 두자 기차역과 냉면집은 무슨
상관이 있다. 얼치기 냉면역은 이름처럼 정녕
얼치기는 아니다. 무엇이나 다 상관이 있다.

* 시에 시, 정선희 「얼치기 냉면역」.

존엄사 선언

이단자라는 오명 속에서 존엄사 합법화에 나선
목사이자 종교학자였던 이단자 라루가
2014년 9월 17일 뇌졸중으로 쓰러졌을 때,
라루가 믿고 가르친 바대로
유족은 산소호흡기 연명 치료를 거부하고
그의 뜻을 존중했다.

2016년 10월 28일 경찰은
백남기 농민의 부검 영장 재신청을 포기했다.
2015년 11월 14일 물대포를 맞고 의식을 잃은
본인과 가족의 평소 의사에 반하여
강제 연명 치료를 강행한 지 349일,
2016년 9월 25일 사망 선고를 내린 지 33일,
2016년 9월 28일 2차 부검 영장 신청으로
조건부 부검 영장을 발부 받은 지 30일,
2016년 10월 25일 영장 유효 기간을 만료시킨 지 3일,
지난 뒤의 선언이다.

〈

경찰의 부검 포기 선언으로

백남기 농민의 훼손된 존엄은

겨우

조금

되돌려졌다.

* 산문에 시, 최윤필 「순간을 사는 존재」, 『가만한 당신』.

세상에! 생각하는 심장이라니?

심장의 일입니다. 먼저 생각부터 하겠습니다.

클로스원캡슐 리피토정 크리스토정
아토르바스타틴 로수바스타틴
녹아내리는 근육들의 진창을 헤치며,
늙은 아비의 장력張力처럼 노쇠해져서
막히고 끊기는 물길을 트고 이으며,

발등까지 내려가 시려하다가
등짝에 납작 붙어 저려하다가
어깨에 올라앉아 뻐근해 하면서,

끊어지는 물길을 마저 못 이어
발등이나 등짝이나 어깨 그 어디,
그 사이 어디 진창에서 허우적대다가
객사하면 어쩌나 고민도 하면서,

〈

요즘 부쩍 내 심장은 외출이 잦지만,

활성화된 단층처럼 예민해져서
걷잡을 수 없는 격변激變에 휘둘릴까
주행 장치를 매일 새 것으로 갈아
오십 이하로 박동博動을 뚝 떨어뜨리고 다녀도,

아! 하는 두근거림에는 생각할 겨를 같은 것은 없는데,

두근거림 꾹 눌러놓고 먼저 생각부터 하고 마음 안 벗는,

세상에! 생각하는 심장이라니?

침대를 부수는 기계라니?
그런 젊음이라니?
나라라니?

* 시에 시, 박성준 「기계들의 나라」.

새하얀 것들

출근길, 터널을 벗어나자
먼 곳에서 눈이 내리고 있었다.
청명인데, 눈이라니
저 눈은 청명 이전에도 내리고 있었지.

바람이 불고,
창문으로 돌진하며 시야를 가리는 것은
먼지다. 눈 같구나.
길이 두꺼워진다. 흐릿하구나.

봄, 가을은 사라졌다.
주기도 없는 남은 계절이 꾸준히 오고 간다.
번갈아서 와도 오는 건 여름이 아니니
당연히 겨울은 없다.

'국경의 긴 터널을 빠져나오자 눈의 고장이었다.'

나는 아직 가와바타 야스나리의
눈의 고장에 가지 못했다.
이 눈의 고장에 가고 싶다.
겨울이 없어도 눈은 내릴런지, 내려 쌓일런지……

그런데 그곳은 어디였을까.
스리마일, 체르노빌, 후쿠시마였을까.
히로시마, 나가사키,
아님 더 가까운?

먼 곳에서 먼지눈이 내리고 있었다.
흰 가림막을 씌워 하얗던 세계
나는 투명한 짐승이 침입하는 공포에 질려
창문 밖을 못 보고 떨고 있었지.

이 섬을 벗어나고 싶다.
피난길처럼 보이는 출근길

기웃거리며 머뭇거리는 사이에도 쉴 새 없이
틈새를 비집고 들어와 쌓이는 새하얀 것들

이 섬은 내 피부를 숨기기에는 너무 좁다.
피난을 끝낼 수 있는 안식처는 있을까.
먼 곳에서 먼지눈이 점점 더 속도를 올리며
길을 바짝 조여오고 있다.

* 시에 시, 황인찬 「이 모든 일 이전에 겨울이 있었다」.
* 소설에 시, 가와바타 야스나리 『설국』.

거짓말

몸이 무거워 마당의 나무는 종일 바람에 시달렸다. 도산서원에 간 적이 있다. 흐린 날이었다. 모눈종이 위에 쌓아놓은 듯 서원의 모든 건물은 흐트러짐도 빈틈도 없었다. 안정적이라고 할 수 있는 건물의 배치가 외려 불편했을까. 미처 다 삭히지 못한 음식물에 체한 듯 한동안 속이 답답했다. 서원은 높아서 마당 아래로 흐르는 강은 깊었으나 오랜 가뭄 탓인지 물은 얕았다. 제인, 트랜스젠더. 나는 태어날 때부터 거짓말을 했어요. 돌아와 서원에서 본 풍경을 생각하며 시를 썼다. 바람 멈추고 나무 침묵에 이르자 기절처럼 찾아온 잠은 강물 깊이 가라앉았다. 바람도 없는 날이었지만 내 시 속의 나무는 그 날 바람을 심하게 탔고, 강물은 한없이 깊었다. 제인은 태어날 때부터 저 강물 속으로 가라앉은 사람. 제인을 가라앉힌 저 강물의 깊이는 얼마일까. 제인은 스스로 저 강물을 헤쳐 위로 솟구쳐 오를 수는 있을까. 내 시적 상상 속의 풍경과 끊임없는 질문에 시달리는 현실 속의 제인의 말을 같은 저울에 올릴 수는 없다.

* 영화에 시, 조현훈 「꿈의 제인」.

안개

안개를 헤치며 산을 오른 적이 있다. 몇 미터 앞만 보며 올라갔던 가야산. 그 날 우리는 정상을 밟았던가. 정상인가 하고 보면 길이 있고 다시 가서 보면 또 길이 있어, 이곳이 정상인가 아니 이곳이 정상인가 하면서 자꾸 가다가 결국에는 멈추고, 이곳이 정상이라고 하자, 하고 그만 돌아섰는데, 그 날 우리가 밟은 곳 중에 정상이라 이르는 곳이 있긴 있었을까. 그때는 오로지 정상만을 생각하며 올라갔는데 돌아와 생각하니 본 것이라고는 안개에 휘둘려서인지 그저 안개뿐이었다. 부용대에 갔다. 아침 일찍 들른 부용대도 안개가 짙었다. 물길 건너편에 있다는 하회마을은 전혀 가늠할 수가 없었는데, 부용대 가는 길도 마찬가지로 안개가 짙었다. 하지만 부용대 가는 길에서 나는 많은 풍경들과 소리들을 안개 속에서 보고 들었다. 휘둘리지 않고 들여다보고 있자니 나무와 풀과 집과 빈 들판, 그 안의 숨결들, 눈물들, 쉼 없이 나뭇가지를 흔드는 한숨들이 가만히 안개의 속살을 비집고 나왔다. 부용대에서 돌아설 때까지도 누군가 걷는 시간을 잊은 듯 안개는 여전 짙었는데 나는 감정의 충만으로 가슴이 벅찼다.

* 시에 시, 남태식 「집중」.

가정의 완성

식사를 준비하고 집을
청소하고 빨래를 하는
일상적 노동을 무시하고서는
온전한 가정을 이룰 수 없다.

남자와 여자를 떠나서
남편과 아내를 떠나서

맞벌이와 홑벌이를 떠나서
거시와 미시를 떠나서

크고 작음도 없고
많고 적음도 없고

분별과 구별 없이
차별은 더더구나 없이

가정은 여럿, 결혼은
그 중 하나의 시작

따로 또 같이
같이 또 따로

함께 하면서 각자
각자 하면서 함께

식사를 준비하고 집을
청소하고 빨래를 하는
일상적 노동에서
온전한 가정은 완성된다.

* 편지에 시, 이철수의 「나뭇잎 편지」(2018. 04. 10) 「아! 그렇구나」.(식사를 준비하고 집을 청소하고 빨래를 하는 일상적 노동을 무시하고서는 훌륭한 삶을 살 수 없다. 아! 그렇구나.—원주 언저리 신평리에서 작은 식당에 들렀다가 이런 말씀을 만났습니다. 글씨도 참 좋지요? 구차한 일들 다 버리고 다 피하면 아름다운 삶을 어디서 찾나요? 밥 · 청소 · 빨래 · 일상적 노동 · 훌륭한 삶 · 아! 그렇구나.)

빛의 문

매일매일이 먼 여행길이다.
깊은 먼지가 길을 늘린다.

문을 열고 마스크를 벗는다.
우리는 너무 많은 색을 얻었다.

원한 건 당신이었으나
당신은 번번이 무리들을 대동했다.

가족이라는
너무나 친숙한 이름의 꼬리표들

필요한 건 당신이라는 온전한 친구 하나
꼬리를 못 떼면 당신도 버려야지.

문 안에 문이 있다.
칼라를 들어낸 담백한 빛의 문

꺾이지 않은 빛이 환하다.
문을 닫고 재빨리 문 안의 문을 열어젖힌다

환한 빛 속에 몸을 보이는 건
자작나무 비자나무 소나무 대나무…… 숲

곧은 나무는 곧아서 좋고
숲은 어우러져 생명을 이루지.

지금은 잠시 색을 버리는 시간
빛의 문 안의 숲을 산책할 시간

숨은 길고 발걸음은 가볍지.
긴 숨 속에 길이 발랄하다.

* 그림에 시, 김완 「Lightscape」.

우리는 지금 우리끼리

때로는 3:1이었다가 때로는 1:3이었다가
어쩌다가 2:2가 될 때도 있지만
하던 말만 이어 하는 답이 없는 말에

우리는 지금 우리끼리 팽팽하다.

달리던 기차는 멈췄고
기차는 시나브로 잊히는데
잊은 기차는 언제 기억하려는지

우리는 지금 우리끼리 팽팽하다.

그 기차 앞뒤 얼굴 바꾸고
길을 돌아 떠나버리면
그제서야 함께 맞을 폭풍은 탄식이리니

우리는 지금 우리끼리 팽팽하다.

* 시에 시, 이경림 「지렁이들」.

| 제3부 |

봉창 사는 법

해빙기

펌프를 늙혀서
등이 저리다.

삼월,

길가 개 조심 집 마당에
매화꽃이
폈다.

낙엽기

납작,
근육이 마르고 있다.
엎드리고 있다.

심장이 풀리고 있다.
흐르고 있다.

하늘이 주름을 걷는 사이
한참,
바다가 바짝 당겨 앉았다.

바람 타는 잠

몸이 무거워

마당의 나무는
종일 바람에 시달렸다.

바람 멈추고
나무

침묵에 이르자,

기절처럼 찾아온
잠은

강물 깊이 가라앉았다.

다방들 · 1

—기계로 39에서 107까지

동네를 들어서는 첫 46호에서
동네를 벗어나는 삼거리 106호까지에는
다방이 열셋

46호에서 두 집 건너 뒷방의 돼지다방
한 집 건너 합동정류장 안쪽의 청자다방
아홉 집 건너 사이길 건너 말순이다방

한 집 건너 낙원다방
여섯 집 건너 소라다방
공터를 끼워 세 집 건너 대우다방

미처 못 가 길을 꺾어 갈래길 따라 휘어지면
근면길 무인 꿈의모텔 앞 협동길에 나란히
청호다방 승상다방 백설다방
〈

갈래길 나와 다시 한 집 건너 배다방
두 집처럼 보이는 한 집 건너 능금다방
한 집인 세 가게 건너 옥다방

널찍한 쉼터의 문화의 집 건너
널찍한 쉼터의 농협을 합해 다섯 집을 남겨두고
2층의 정우다방 이렇게

다방들 · 2
—기계로 39에서 107까지

짝수길로 들어가서 홀수길로 나오면
몇을 얻기도 하고 몇을 잃기도 하지

오늘은 하나를 잃어
다방이 열둘

들쭉날쭉해서 빼먹은 얼굴들을 다 더하면
귀빈다방은 107호에서 일곱 집 건너

해경다방은 다섯 집 건너
명다방은 두 집 건너

은다방은 옆집 2층
향다방은 다닥

꼬맹이네카페공방

꽃다방은 다다닥

호걸다방은 한참 지나 열세 집 건너
광명다방은 다섯 집 건너 골목 2층

미소다방은 골목 입구에서 세 집 건너 2층
정류장을 마주 보는 은초다방은 세 집 건너

정다방은 다닥 열한 집 건너
주차금지 구간 끝 다방 구간 끝 이렇게

도강渡江

애초에 울려고 작정했던 것처럼 이유 없이 눈물이 왈칵 쏟아지는 때가 있다. 갑작스레 쏟아져서 계속 흐르던 눈물. 가끔 혼자 묻고 답한다. 잘 견뎠니, 잘 견디고 있니. 또 건너가는 다리.

꽃사막

입신入神, ecstasy에 들었었는데,
얼결에 내려딛은 곳이
신의 집으로 드는 길이었다.

꽃사막이었다.
키 작은, 꽃대가 허리를 넘지 않는
꽃들의 사막이었다.

지리산 세석평전을 길게 넓게
이어서 깔아놓은 듯한 평원에
온통 꽃들이었다.

꽃들은 발 들여놓을 틈 없이 빽빽하여
없는 길을 내면서 길을 가고 있었는데,
가도 가도 꽃뿐이어서
꽃향기에 머리가 어질어질했다.

이곳이 신의 집인가,
이곳이 혹 신의 집의 정원인가,
둘러보았지만 신은 없었다.

꽃사막의 하늘에 머무는 허공은
허공으로 꽉 차서
보이는 건 꽃사막과 허공뿐이었는데,
둘러보았지만 허공에 문은 없었다.

꽃들에 싸여 절로 터진 웃음에 취해
웃다 웃다가 숨을 깔딱거릴 즈음
입신을 빠져나온 것은
퍽! 세차게 내리치는 힘에 밀려서였다.

꽃들은 늘 어여뻐서
꽃밭은 마냥 황홀경이지만
어질머리 돈은 취한 이에게는

꽃사막이지.

입신을 벗어난 취한 이는
이제 무한정 떨어지는 절벽이다.
밑을 안 보는 것은
입신을 미처 다 안 버려서인가.

보라, 취한 절벽이여.
떨어지는 밑이 아마득하다.
어느 공중에선가 찾았다는 신의 집은
깨지 못할 혼수昏睡의 불모지지不毛之地이다.

내력

어릴 때부터 못 먹는 음식이 참 많았다. 안 먹는 것이 아니라 못 먹는 것. 그 중 가장 심한 것은 네 발 짐승고기. 생일날 한 숟가락만 먹고도 화장실로 직행하게 하던 소고기미역국. 하지만 엄마는 모든 육식과 향이 강한 채소류에 해조류까지, 외가 대고모는 생선까지 못 드신다.

몸 이야기

음식에 환멸을 느낀 때도 있었다. 가끔은 한두 가지, 또 가끔은 모든 음식을 몸은 거부했다. 입맛과 몸의 이상과는 전혀 관련 없이 일어나는 음식통, 구역질. 그리하여 내 진료카드에 줄줄이 기록되어 있던 병명들은 언제나 급체 식체 급체 식체……. 몸이 받아들이지 않는 것을 거부하는 행위는 마음의 행위가 아니라 몸의 행위이다. 몸 이야기에서는 항상 몸이 옳다. 마음이 앉을 자리를 별도로 마련해서는 안 된다.

상처

가장 먼저 떠오르거나 떠올렸어야 하는 말이었으나 그 날 늦어서야 떠올랐던 말은 상처였다. 내 의식의 밑바닥에도 어떤 강박이 있었을까. 강박이 있었다면 이 강박 역시 상처겠지. 드러내어야 함에도 드러내지 않으려 애쓰는 상처.

강박

내 꿈의 무게는 몇 그램일까. 아침에 일어나서 화장실 가는 길에 체중계를 툭 찬다. 오늘은 몇 그램? 식전에 먹는 약 넥시움정 20밀리그램 한 알을 꿀떡 삼킨다. 약 한 알에 물 한 컵. 거실을 몇 바퀴 돌다가 다시 체중계 위에 올라선다. 그새 300그램이 빠졌다. 오늘 내 꿈의 무게는 300그램? 내 꿈의 무게는 매일 다르다. 달라도 늘 200그램에서 400그램 사이에는 있다. 딱 그저 그만한 가벼운 내 꿈의 무게, 또는 잠의 무게. 나는 일 년 열두 달 매일 다이어트 중이다.

덤이라는 생각으로부터

쉰을 넘기면 그 이후의 삶은 덤이라는 생각을 하며 살았다. 쉰을 넘겨 삶이 몇 년 계속되자 신기하게도 나는 행복해졌다. 쉰 이후의 삶이 덤이라는 생각의 시작과 이유를 새삼 물을 필요는 없었다. 행복이 먼저 그냥 왔기 때문이다. 덤이라는 생각으로부터 행복이 왔다.

구레나룻

그는 존 트라볼타를 사랑했네.
토요일 밤의 존 트라볼타의 구레나룻을 사랑했네.

나는 구레나룻이 긴 사람
나 역시 존 트라볼타를 사랑했네.
하지만 존 트라볼타의 구레나룻은 사랑하지 않았네.

나는 길어지는 내 구레나룻을 참을 수가 없었네.
내 구레나룻은 머리카락보다 늘 빨리 자라서
구레나룻을 자르려고 머리를 잘랐네.

왜? 긴 구레나룻이 보기 좋은데……
나는 이제 면도할 때 구레나룻마저 미네.
상쾌한 아침은 면도 뒤의 말간 얼굴에서 나오네.

그는 여전히 존 트라볼타의 구레나룻을 사랑하네.
하지만 이제 더는 내게 구레나룻을 강요하지 않네.
나 역시 여전히 존 트라볼타를 사랑하네.

발 이야기

출근길 엘리베이터 앞에서
아랫집 중1 사내아이 손에 들린
신발 밑창의 숫자를 보다가
와! 260! 속으로 되뇐다.

내 발 크기는 240에서 250
구둣가게에서 탐나는 이미지를 만나도
발이 작아서인가 자주 재고가 없었다.
240에서 50까지 있는 대로 주세요.
무슨 발이 그래요.

중1 때 펄벅의 『대지』에서 전족을 읽었다.
댓돌의 신발을 정리하면서
어머니는 할머니의 큰 발 험담을 했다.
아담한 발을 가져야지
큰 발이 싫었던 나는
운동화 끈을 꽉 조이고 다녔다.

〈

올 겨울에 구두를 맞추러 갔다가
내 발이 짝짝이라는 것 제대로 알았다.
여러 번 맞춤한 이미지를 맞춰 신는 동안에도
늘 한 발이 헐렁하거나 빡빡했지만
두 발을 한꺼번에 잴 생각은 안했다.

이번에는 번갈아 쟀다.
왼발은 245 오른발은 250
거의 대부분이 짝발이지만
사장님은 차이가 꽤 크네요.
이번에는 어느 발에 맞출까요.
각각 만들어 주세요.

처음으로 두 발이 딱 맞는 신을 신었다.
헐렁하지도 빡빡하지도 않으니
좌우 발가락들의 호흡이 편안해졌다.
좌우 걸음이 반듯해졌다.

축사 부근

아프지 않은 시인은 없다.

하지만 병의 무한생산은
상수원 상류 부근의 축사

우연히 상수원 상류 부근의
축사를 지나쳤다.

운전대를 잡고 있던 한 손이
벌떡 코를 쥐었다.

시간은 해결사가 아니었다.

라면

비 오는 토요일에 아침을 건너뛰고
늦은 점심으로 아내를 따라서 라면을 먹는다.
한 그릇을 비우고 몇 젓가락을 더 건져 올린다.
젓가락 단위를 넘어 그릇 단위로 먹는 라면은
몇 년 만이다.

엄마는 그 날 라면을 몇 개나 끓였을까
내 초등학교 4, 5학년 때 쯤 처음 만난
큰 찜통에서 펄펄 끓던 아버지의 군대라면
달이는 간장 냄새만큼이나 역한 냄새에
대뜸 집 밖으로 줄행랑을 쳤었지.

고1 자취생일 때
친구 집을 드나들면서 라면과 친해졌다.
한 번에 하나 둘 끓여 먹던 라면에 맛이 들어서
어떨 때는 네다섯 개를 한꺼번에 끓였다.
한 끼에 고봉밥을 두세 그릇 먹던 나이

공시생일 때 도서관 구내 분식집에서
밥라면 떡라면 만두라면 김치라면 계란라면
1년 동안 점심으로 라면을 먹었다.
공시생을 끝내면서 라면을 끊었다.
질려서가 아니라 전혀 안 질려서 끊었다.

이후로 라면은 아주 가끔 먹었다.
1년에 두 손으로 다 셀 수 있을 정도
아이들은 언제 어떻게 라면과 친해졌을까
졸라서 어릴 때는 자주 끓여주었지
아이들이 먹을 때 한두 젓가락 맛보기도 했다.

이따금 심심풀이로 생라면을 부셔 입을 푼다.
초등학교 5학년 때인가 라면땅이 나왔다.
뽀빠이보다 싸서 싼 맛에 먹던 기억
뿌셔뿌셔라는 과자도 있었지 부셔먹는 라면과자

생라면을 부시다 보니 새삼 떠오르는 오랜 기억

비 오는 날 라면을 먹어서인가
속이 메스껍다.
몇 젓가락 더 건져 올릴 때 냄새가 수상했다.
수상하다고 느꼈을 때 젓가락을 놓아야 했는데
결국 라면 한 끼로 저녁까지 때웠다.

오늘 내일 보리

늙어 젊은 당신은 씽씽씽 자전거를 달리다가
휙! 자전거를 길바닥에 던지고 오늘
5월의 보리밭에 누웠다.

너도 내 나이 돼 봐라
젊어 늙은 당신의 입버릇마저 버리고 오늘
보리밭의 풍경으로 납작 엎드렸다.

평생 어려 젊은 나는 애써 넘을 고개가 없었고
오늘의 소화성 장애는
내일의 오늘에도 안 사라졌다.

푸른 보리 이랑은 문득 오늘 황금 파도로 일렁였고
당신의 입버릇에 무심한 나는
결코 당신의 나이에 이르지를 않았다.

당신이 누운 저 오늘의 보리밭 풍경에는

당신의 내일이 없고 나의 겨울이 없고
나의 오늘이 없고 내가 없다.

오늘 떠오른 보리밭의 태양이
철모르게 뜨거웠어도
나는 오늘 다시고 삼킬 입 다 다시고 삼켰다.

봉창 사는 법

불편할 때 쓰는 말은
두 마디면 족하다.

"아, 예~"

"예?!, 아~~"

| 제4부 |

행간 읽기

국기를 걷는 아침

2015년 7월 11일 한겨레신문 토요판
생명, 태산이 복순이 바다 돌아간 날

"국기에 대한 경례도 않고
돌고래는 떠났다."

시대상황이 반영된 감동이겠지만
이 문장은 멋지다.

과속과 역주행에 슬그머니 발을 거는
아름다운 정주행이다.

국기를 걷는 아침

잃은 배

바람 잠잠해지자
다문 입이라기도 하고
마른 눈이라기도 하는
주술의 반이 욕인
선무당이 왔다.

선무당은 교활했다.
굳게 다문 입으로 신음을 터트리며
겨우 마른 눈물 한 방울을 떨어뜨리자
잔잔하던 우물은 끓어 넘쳐
다시 거친 풍랑이 일었다.

번번이 그랬다.
선무당의 입에서 신음이 터지고
겨우 마른 눈물이 떨어지면
안간힘으로 곧추 서 버티던 방주는
풍랑을 못 이겨

우물 아래로 가라앉거나
배를 뒤집었다.

결국 주술은 다 욕이어서
그런 그 날
많은 여자와 사내들이 방주를 잃었고
그런 그 날 이후
방주를 잃은 여자와 사내들은 오래
광장과 거리를 떠돌았다.

치유되지 않은 슬픔

기미가 있었던가.

첫 번째 터널을 지나니
들어서기 전까지 전혀 기미가 없던 하늘이
비를 뿌렸다.

게릴라성 소나기려니 금세 지나가려니 하고
두 번째 긴 터널을 지났더니
비는 호우로 바뀌어 있었다.

갈까 멈출까 고민하다가
세 번째 터널까지 지났는데
비는 드디어 장막을 쳤다.

슬픔은 이렇게 소나기처럼 와서
터널에서처럼 잊히다가
터널을 지나면서 점점 더 거세져

걷잡을 수 없는 지경에 이르기도 한다.

치유되지 않은 슬픔은 더 그렇다.

이제 그만 하자고?

기미는 여전하다.

소녀를 지켜라

눈물의 강에 푹 잠긴 달을 건져 올려
밤마다 하늘에 너는 여자들이 있다.

종로구 중학동 일본대사관 건너편
소녀상의 소녀들도 그렇다.

위안부라 불리는
끌려가 강제로 성노예로 묶였던

소녀들!

이제,

소녀를 지켜라.

족쇄

2013년 3월 13일
서울 서초구 양재동 농협 하나로클럽을 방문한 대통령이
직거래장터에서 판매 중인 감자를 구매하기 위해 살펴보
고 있는
청와대에서 제공했다는 사진 한 장이
감자 고르는 대통령, 이라는 제목으로 떠 있다.

오른손에는 지갑을
왼손에는 감자를 쥐고 있다.
잡은 감자의 향기라도 맡는 듯
감자 가까이에 코를 댄 모습이 무척 진지하다.
손지갑 아래에는 천 원 권 지폐가 몇 장.

감자의 향기!

어떤 논자들은 이 사진에 이런저런 의미를 붙여
격한 사설을 쓰기까지 한 모양인데

그것은 좀 과한 반응들.
사소한 내 관심은
그 날 대통령의 그 감자 구매 여부 정도?

하지만 여기까지

2016년 이 여름의 뜨거운 이슈는 사드

사드는
감자가
아니다.

내 젊은 시절 잠시 밥을 벌었던
신촌의 양곱창 식당 청기와집 할머니는
배곯아도 펄펄 끓는 솥 속의 무는
집어 덥석 베어 물지 말라셨는데,

사드는
일단
집은 무는
되려나.

덥석 베어 물면
씹든지 삼키든지 남은 이빨
여럿 더 빠뜨리는 결국
족쇄
려니.

무효
—2016년 상반기 미술계 결산

2016년 상반기 미술계는 위작 대작 논란으로 시끄러웠다. 한국을 대표하는 공신력 있는 경매에서조차 위작 의혹으로 출품작이 철회되는 소동이 있었다. 하지만 경매시장은 사상 최고가 낙찰을 비롯한 여러 기록적인 순간을 맞았다.

김환기의 1970년 작 「무제」가 48억 7천만 원에, 1972년 작 「무제 27-Ⅶ-72 #228」가 54억 원에 낙찰돼 국내 최고가 작품 기록을 거듭 경신했다. 천경자의 1962년 작 「정원」은 17억 원으로 역대 천경자의 작품 최고가 낙찰가를 세웠다.

22억~25억 원 선에서 낙찰될 것을 자신했던 「대동여지도」는 유찰됐다. 천경자의 작품에 대한 높아진 수요에 기대를 걸고 선보일 예정이던 「기행스케치—화문집」은 프리뷰 전시 기간에 위작 의혹을 받아 출품이 취소되었다.

이상은 머니투데이 2016년 7월 1일 인터넷기사 일부를 추려 짜깁은 것이다.

덧붙여, 강제 매매 시도로 논란이 된 작품도 있었다. 2011년 12월 14일 서울 종로구 일본대사관 건너편에 건립한 김운성, 김서경의 설치작품 「평화의 소녀상」이다. 2015년 12월 28일 매매가 10억 엔(한화 110억여 원)으로 몰래 계약했다는 의혹이 있다.

아닌가, 아님 무엇을 매매하려고 했을까.

평화는 매매의 대상이 아니다. 대리 가장한 화해와 치유의 언어 뒤에 음험하게 숨긴 이 매매 계약은 무효다.

세 개의 신분

한겨레신문 2016년 10월 20일 목요일
27면의 편집국에서 보내는 칼럼 제목은
세 개의 신분, 백남기 · 우병우 · 최순실이다.

당일 이 신문에 이 세 사람의 이름과
이미지가 포함된 글은,

1면의 백남기 구호한 '빨간 우의' 인터뷰
최순실 파문에 최경희 이대 총장 사임
2면의 교수 · 학생 5000여명 시위…… "정유라 특혜 규명 지켜볼 것"
3면의 "최순실, 미르 · K스포츠 채용때 청와대에 신원조회 맡겼다"
블루K · 미르 · K스포츠 모두 반경 1.7Km 안 '최순실 타운'에
4면의 최순실 수사 미적대고 '송민순 회고록'은 하루만에 공안부 배당

5면의 우병우 "수사 중이라" 국감 출석 거부…… 야당 "동행명령 낼 것"
9면의 "내가 '빨간 우의'다…… 당시 아스팔트 바닥 짚고 있었다"
까지 기사가 8편,

2면의 모녀의 행방?
27면의 #이솝우화—그런데 최순실은?
까지 만평이 2편,

26면의 트럼프보다 더 위험한 '한국의 트럼프'
27면의 마침내 박근혜에 대한 모든 환상이 깨졌다
등 위에 올린 것까지 칼럼이 3편,

27면의 '최순실 비리'는 박 대통령의 공동 책임
이대 사태, 총장 사퇴로 끝낼 일 아니다
'백남기 사건' 감추고 거짓말만 한 못 믿을 경찰

까지 사설이 3편으로

총 16편이다.
만평과 사설은 이 편수가 전부다.

모두 끝나지 않은 사건이니
이 이름들과 이미지는 한동안 더
불려 나오겠지만

처음에 올린 칼럼의 제목만
불편하게 자꾸 걸리는 것은

함께 나란히 세워서는 안 될 이름을
한꺼번에 불러내어 한 묶음 한
그 함께 나란히, 가 마뜩잖아서겠다.

돼지흥분제

인공수정을 했다.
초등학교 때 수학여행비 마련을 위해
우리 반에서 키웠던 돼지는
흰 털에 연분홍색 영국종 요크셔

돼지흥분제라고 알려진
돼지발정제는
가축배란촉진제

어떤 인공적인 도움 없이도
이웃 반의 재래종 흑돼지들은
새끼를 여덟 마리 열세 마리 낳았다.
우리의 요크셔가 낳은 새끼는
겨우 두 마리

춤과 노래의 향연이 밤마다 펼쳐지던
오랜 내 황홀한 추억의 공간 나이트클럽에서

한 여자가 죽었다.

요힘빈이라고 했나
돼지흥분제라고 알려진
사람이 복용하면 혈압상승과 체내발열과
급격한 심장발작으로 사망할 수도 있다는
돼지발정제

여자들이 마신 술에서 다량의 요힘빈이 검출되었다.
술에다가 몰래 약을 탔다는 한 남자가 검거되었다.

돼지흥분제는 있나
돼지발정제는 성적 흥분제는 아니라는데
배란주기를 앞당겨 다량생산을 유도한다는
호르몬제 요힘빈은 가축배란촉진제

수학여행비에 덤으로 졸업앨범비까지

이웃 어느 반의 흑돼지는 아름아름 선물을 안겼지만
우리의 요크셔는 추가 경비를 덤으로 안겼지.

그러니까
돼지흥분제라고 알려진
돼지발정제 요힘빈은
가축배란촉진제

행간

행간을 읽던 시절이 있었다.

행간 읽기를 그친 시절이 있었다.

적은 내리기를 포기하지 않았다.

그럼 그친 것은 읽을 행간이 있는 비?

행간 읽기의 세계에서 나는 오래 묵은 소도둑이다.

어떤 때는 꽃자리보다 행간이 더 넓다.

꽃자리를 빠르게 침범하는 행간!

갈수록 더 많은 방을 만드는 행간!

나는 오늘도 변두리에 눌러앉아서 행간을 읽는다.

처절

꽃으로 불리는 것에는 암수가 따로 없다.

부드러워진 것은 모두 꽃이다.

몽둥이도 각목도 쇠막대도 꽃이다.

처절한 꽃은 어깨가 말랑말랑하다.

어깨에서 힘을 뺀 사내들은 처절하다.

처절하니 아름답다.

아름다우니 꽃 됐다.

사내들이 꽃으로 피는 집이 있다.

처절한 평화가 모여 있다.

공포의 시간은 지속된다

자체가 공포인 존재가 있었다.
존재가 공포인 시간이 있었다.

머리 어깨 무릎 발
머리 어깨 무릎 발

움직임을 묶는 존재가 있었다.
움직임이 멈추어진 시간이 있었다.

술집이거나 모텔이거나 호텔이거나 집
화장실이거나 목욕탕이거나 거실이거나 안방

존재가 공포로 다가오는 순간이 있었다.
자체가 공포로 다가오는 존재가 있었다.

꺾이는 다리 내려앉는 허리 무너지는 엉덩이
나는 사로잡혔지. 나는 마비되었지.

머리 어깨 무릎 발
머리 어깨 무릎 발

순간 아아 그 때부터 또 오래
아아 굳은 입! 아아 닫힌 목소리!

나는 그만 빛을 잃은 금강석
나는 그만 출렁임을 잊은 얼음

자체가 공포인 존재가 있다.
존재가 공포인 시간이 있다.

여전히 있다, 내 앞에 우리 앞에.
당당하게, 뻔뻔하게 있다.

겨울, 햇볕 생각

세탁기의 빨래가 빠르게 도는 겨울 어느 햇볕 좋은 날. 외출 준비를 하다 말고 베란다에서 잠시 빨래로 널려 마르는 상상을 한다. 문득 햇볕이 아깝다는 생각. 약속 시간을 미루고 기다렸다가 급하게 빨래를 넌다.

희움

희망을 모아 꽃 피움. 대구광역시 중구 경상감영길 50, 희움 일본군 위안부 역사관은 일본군 위안부 피해자들이 겪었던 고통의 역사를 잊지 않고 기억하며, 일본군 위안부 문제의 올바른 해결을 위해 활동하는 공간입니다. 더 나아가 문제 해결을 통하여 평화와 여성 인권이 존중되는 사회를 만들기 위해 노력하는 실천하는 역사관입니다. 희움은 우연히 만났다. 독립영화관 오오극장을 나와 곽병원이 있는 골목을 돌아 밥집을 찾다가 마땅한 밥집은 못 찾고 희움을 만났다. 전쟁의 기록과 기억의 공간들을 둘러보고 나오다가 『내 속은 아무도 모른다카이』 『내가 어떻게 말을 해요, 어무이 가슴에 못 박을라꼬』 『버마전선 일본군 위안부』 『버려진 조선의 처녀들』 『가고 싶은 고향을 내 발로 걸어 못가고』 위안부 피해자 할머니들의 증언록 다섯 권, 압화작품집 『할매 사랑에 빠지다』 두 권, 꽃그림으로 꾸민 필통과 메이크업파우치를 하나씩 샀다. 상영까지 남은 시간을 희움에서 다 써서 결국 밥은 굶었다.

사월의 꽃 · 1

꽃들이 피기를 멈췄습니다. 피어있는 꽃들도 갑작스레 모두 색을 잃었습니다. 아직은 아닌데…… 아직은 아닌데…… 꽃들이 집니다. 미처 다 피지도 않은 꽃들이 어쩌나, 어쩌나 자꾸만 집니다. 딱! 생각이 멈췄습니다.

사월의 꽃 · 2

색을 잃은 꽃들을 봅니다. 빛을 잃은 색들을 봅니다. 하여 빛도 색도 다 잃은 꽃들을 봅니다. 꽃들 색 색깔로 흐드러졌어도 빛을 잃은 색은 더 이상 색이 아닙니다. 언제까지 다 지나지 않을 이 봄에 부를 꽃노래는 아직 너무 많은데 빛을 잃은 색을 잃은 꽃들 앞에서 노래가 안 나옵니다. 기껏 나오는 노래는 그저 눈물입니다. 신음입니다. 천지간에 신음하는 꽃들이 널렸습니다. 눈물이 넘쳤습니다.

광주

겨울에 광주를 거쳐서 전주로 갔다
봄에 다시 광주를 거쳐서 부산으로 갔다.
부산을 거쳐서 안태 고향에 왔을 때,
다시는 광주에 갈 수 없음을 알았다.

하여 지금까지 나는 광주에 있다.
광주의 겨울과 봄 사이에 있다.
수십 년의 시간이 흘렀어도 광주는 여전하고,
나는 광주에 있고, 광주에 가고 싶다.

마지막 청탁

—연오랑 김현식 선생님을 추모하며

누군가에게는 선생님
누군가에게는 여행가
누군가에게는 안내자
누군가에게는 문학가
누군가에게는 미술가
누군가에게는 기획자
누군가에게는 문화예술 애호가
누군가에게는 교육문화 활동가
누군가에게는 민주주의와 생태와 생명을 사랑하는 실천가

나에게는
쉬 말 섞기 어려운 낯선 땅에서 배회할 때
다가와 먼저 내밀어준 손
폐쇄된 지하의 언어로 향하던 내 언어의 더듬이를
우리라는 세상으로 돌려세우던 길
끊임없는 성가시지 않은 보챔

떠밀리면서도 스스로 대견해 하게 만들던 눈짓
흐트러진 발을 땅 위에 곧게 굳게 세우도록 돕는
은근한, 힘의, 손아귀

마침내 친구
언제나 동지

아시나요,
제 언어는 당신으로 인하여
세상에 맞서 단호하게 외치는
당당한 언어가 되었습니다.

당신은
무엇보다 우리들의 이웃
우리 모두의 벗
우리라는 이름의 땅의 사람
우리의, 우리에 의한, 우리를 위한,

삶을 몸소 보여주면서
우리라는 씨앗을 뿌리고
우리라는 열매를 거두어
우리라는 무수한 별을 흩뿌린 농부

당신이 흩뿌린 무수한 우리라는 별은
언제까지나 당신과
저기 여기 거기에서
우리라는 이름으로 반짝일 것이니

하니 아쉽게 마지막이라고 쓰는 이 청탁 시는
여전히 이어지는, 이어질,
성가시다는 마음 없이 보채이는
다시 시작되는 당신의
첫 청탁

아우르더불어

때로는 관람이라는 이름으로
때로는 강좌라는 이름으로
때로는 걷기라는 이름으로
때로는 치유라는 이름으로
때로는 여행이라는 이름으로
때로는 창작이라는 이름으로

예술이라는 이름으로
문화라는 이름으로

함께 보고 듣고 즐기고 나누기도 하며
함께 우리 사는 세상을 살펴보기도 하며
함께 내 사는 공간을 새로 알아가기도 하며
함께 지친 몸에 생기를 불어넣기도 하며
함께 너머 세상의 꿈을 꾸기도 하며
함께 읽고 쓰고 만드는 재미를 배워가기도 하며

무너지는 공간을 다시 되세우기도 하며
잊혀지는 시간을 다시 되돌리기도 하며

자진 마당을 펼치고
펼친 마당에서

아우르더불어 어울려 손을 잡고
아우르더불어 어울려 얼굴을 마주보고
아우르더불어 어울려 손뼉을 치고
아우르더불어 어울려 노래를 하고

아우르더불어 온몸으로
걷고 뛰고 웃으면서

푸르고 빛나는 시간을 안고 여기 오늘까지
푸르고 빛나는 시간을 품고 저기 언제까지
〈

아우르더불어

아우르더불어

* 아우르더불어 : '모아서 하나가 되게 하다'는 뜻을 가진 '아우르다'와 '거기에다 더하여'라는 뜻을 가진 '더불어'를 합쳐서 만든 말, 모여 하나가 되고 거기에다 더하여 계속 나아가는 바람을 담았다.

|해설|

'색色'과 '빛'을 위한 연사戀辭 혹은 치유의 시학

—남태식의 시세계

전해수 | 문학평론가

이번에 상재上梓하는 남태식 시인의 시집 『상처를 만지다』(2020)는 2000년 등단 이후 2년 만에 펴낸 첫 시집 『속살 드러낸 것들은 모두 아름답다』(2002)와 『슬픈 전설의 그 뱀』(2009), 『망상가들의 마을』(2015)을 지나 20년간 꾸준히 시 곁을 지켜온 시인의 네 번째 시집이다. '20년' 이라니, 그 유장한 세월의 깊이는 네 번째 시집 『상처를 만지다』의 폿대처럼 휘날리는 것만 같다.

그런데 첫 시집 『속살 드러낸 것들은 모두 아름답다』(2002)의 「시인의 말」에는 한 번 더, '20년' 이라는 긴 습작시간을 가늠하는 구절이 있어, 시인이 시를 보듬어 온 시간이 그 곱절인 40년 세월이었음을 알게 한다. 이른바 시인은 첫 시집이 "늦둥이" (이하 첫 시집 「시인의 말」에서 인용함)이자 "20년 동안 주물럭거려 만든 그림자들" 이라 고백하고 있는 것이다. 따져보면, 이번 시집 『상처를 만지다』는 습작기 20년 세월에다 시인으로 살아 온 20년이 더 보태어진, 무량無量한 시간이 얹힌 시집임을 알겠다.

너무 감상적인가. 네 번째 시집이지만, 등단 이전의 20년처럼, 다시 20년을 휘돌아, 세상에 나온 시집이 바로 『상처를 만지다』가 아닐 것인가. 나에게는 『상처를 만지다』를 통해 첫 시집 출간의 소회所懷가 다시 재현再現되는 느낌이 든다. 시인이 20년의 시 살이를 두 번(!) 반복하며 도달한 것은 무엇일까 헤아려보게도 된다. 물론, 온전히 다 알 수는 없겠지만 그 세월은 '상처(색)' 와 '치유(빛)' , 이 두 단어로 점철된 시인의 곡진한 시간이 아니었을까 가늠된다. "늦장가" 처럼 늦은 등단과 "날 꼭 빼닮은" 딸처럼 어여쁜 시인의 시들이 분명 간절했던 그 시절의 분신으로 태어났을 것은 자명한 일이다.

습작기 20년을 품은 간절했던 첫 시집의 탄생을 거쳐, 다시 20년의 세월 속에 잉태한 네 번째 시집 『상처를 만지다』는 세월의 무장함과 그 세월을 견딘 시인의 근면함을 통해 감히 상상할 수 없는 장구한 시간을 횡단하여 채워진 ‘색(상처)’과 ‘빛(치유)’의 결임을 알 수 있다. 남태식 시인의 시가 저 첫 시집 「시인의 말」의 언급처럼, “그림자들”로 여겨지는 이유 또한 ‘색’과 ‘빛’에 대한 시인의 숨겨진 시적 탐구의 파편이라 여겨진다. 그러므로 이번 시집 『상처를 만지다』는 무구한 세월의 잔해殘骸와 그 상처를 위무하는 시인의 손길이 “궁창을/마르며 길을 내는” 연민憐憫의 마음으로 써내려간 연사戀辭처럼, 나에게는 읽힌다.

태초에 상처가 있었다.
빛이 드러나지 않아
어둠에 잠긴 궁창은
한 치 앞이 안 보였고
만지지 않은 궁창 아래의 땅은
진창으로 황무하여
길이 없었다.

그 황무한 진창에서
너는 칼을 들어 상처를 도려내고
오래도록 색을 입혀
빛을 드러내었다.
상처를 누르고 빛을 품은 색은

마침내 상처를 안고 색을 품은
빛이 되었다.

서서히 밝아오는 궁창
마르며 길을 내는 땅

시간이 흐르고
어느 날
너는 어떤 신음을 들었다.
빛이 드러난 뒤에도
고스란히 남은
색으로 덧입혀지지도
빛으로 다 스며들지도 않는
상처의 신음이었다.

숨기고 덧입혔어도
상처는 오롯이 살아
자라기를 멈추지 않았구나.
쌓고 이루며 만지는 색과 빛은
모두 상처일 뿐이었구나.

그날부터였던가.
네가 색을 품은 빛 속에 숨겨진

상처를 찾아 다시 만지기 시작한 것이.

빛이 드러나기 전 태초에
상처가 있었다.
너는 이 밤도 상처를 만지고 있다.

—「상처를 만지다」 전문

표제시標題詩이기도 한 위 시는 시인이 각주를 마련하여 표기한 것처럼, 화가 김완의 작품 「Touch the color & light」에 대한 시인의 시적 진술로 시화화詩話化한 것이다. 시 「상처를 만지다」는 조형언어를 잘 살려내는 화가 김완의 작품이 남태식 시인의 시적 인식을 통과하여 새롭게 탄생한 시라 할 수 있다.

주지하듯 화가 김완은 자신의 작품을 통해 골판지의 거친 결을 잘라 공간을 만들고 빛을 입히는 작업을 거쳐 독특한 조형언어를 형성하고자 한 바 있다. 선과 면, 색과 빛은 김완 작가의 조형언어에 다름 아니다. 거친 칼로 잘라낸 골판지의 '면'은 그대로 상처를 내밀하게 드러낸 것이며, 골판지가 만든 결로 생성된 빛은 거친 질감을 통해 역설적이게도 예술적인 치유방식을 보여준다. 이처럼 스크래치에서 상처 외의 치유를 함께 발견하는 것은 예술이기 때문에 가능한 것이 아닐까. 앞서 두 번째 시집의 표제

시로 사용된 「내 슬픈 전설의 그 뱀」이 천경자 화백의 그림에서 연상된 시詩인 점을 상기한다면, 남태식 시인의 시작법詩作法은 문자와 회화의 예술적 영역을 오르내리는 시적 감수성을 함께 지닌 것임을 알 수 있다.

요컨대, 표제시 「상처를 만지다」의 결이 화가 김완의 예술작품 속 '빛'과 '색色'의 그림자를 목도하면서 인류 태초의 '상처'를 더듬어보려는 남태식 시인의 시세계를 거쳐, '색'과 '빛'의 길목에 오래 서성이던 더 오래된 상처를 비추고 있다.

> 매일매일이 먼 여행길이다.
> 깊은 먼지가 길을 늘린다.
>
> (중략)
>
> 문 안에 문이 있다.
> 칼라를 들어낸 담백한 빛의 문
>
> 꺾이지 않은 빛이 환하다.
> 문을 닫고 재빨리 문 안의 문을 열어젖힌다
>
> 환한 빛 속에 몸을 보이는 건
> 자작나무 비자나무 소나무 대나무…… 숲

〈

곧은 나무는 곧아서 좋고
숲은 어우러져 생명을 이루지.

지금은 잠시 색을 버리는 시간
빛의 문 안의 숲을 산책할 시간

숨은 길고 발걸음은 가볍지.
긴 숨 속에 길이 발랄하다.

—「빛의 문」 부분

수시로 그림(예술작품)은 남태식 시인에게 충분한 시적 영감을 안겨준다. 화가 김안의 또 다른 작품인 「Lightscape」를 시 「빛의 문」으로 탄생시킨 위 시는 "빛"의 생명성을 읽고자 하는 시인의 시적 욕망이 잘 드러나 있다.

남태식 시인은 환한 빛 속에 비친 나무의 풍경을 바라본다. 빛을 따라 자작나무, 비자나무, 소나무, 대나무의 곧음이 밝혀지자 잠시 나무는 색을 버리고 빛으로 우뚝 서는 숲의 시간에 "칼라를 들어낸(없앤) 담백한 빛의 문"을 열어젖힌다. 빛에 의해 색色의 상처들이 투명하게 씻겨진다.

잎이 돋기 전에

꽃이 먼저 피듯

꽃이 진 뒤에
잎이 뒤늦게 돋듯

이별 전에
이별이 있었고

이별 후에
이별이 있었다.

바람이 오기 전에
눕는 풀처럼

바람이 지난 뒤에
굳는 뿌리처럼

머물 수가 없어서
서둘러 울고

오래 아팠지만
망각은 없었다.

—「이별 공식」 전문

주목하건대 남태식 시인에게는 "이별" 에 살을 도려내는 것 같은 깊은 상처는 있지만, 상처를 "망각" 으로 돌리려는 '회피 의식' 은 결코 없다. 시인은 "오래 아파" 하는 것이 '이별' 이며, 이별은 이별 후後이건 이별 전前이건 늘 주변에 존재하는 일상적인 것임을 인지하고 있다. 그러니까 시인에게 "이별" 은 "잎이 돋기 전에/꽃이 먼저 피듯//꽃이 진 뒤에/잎이 뒤늦게 돋듯" 결국 내게로 엄습掩襲하는 자연현상에 가깝다. 이와 같은 시인의 "이별 공식" 을 이해한다면, 이별의 '상처' 는 외면하기보다는 그대로 받아들일 수 있는 일이 된다.

행간을 읽던 시절이 있었다.

행간 읽기를 그친 시절이 있었다.

적은 내리기를 포기하지 않았다.

그럼 그친 것은 읽을 행간이 있는 비?

행간 읽기의 세계에서 나는 오래 묵은 소도둑이다.

어떤 때는 꽃자리보다 행간이 더 넓다.

〈

꽃자리를 빠르게 침범하는 행간!

갈수록 더 많은 방을 만드는 행간!

나는 오늘도 변두리에 눌러앉아서 행간을 읽는다.

—「행간」 전문

시詩를 고쳐 적으며 각고의 노력을 기울이는 일은 남태식 시인의 오래고도 몸에 배인 숙제인 것 같다. 위 시는 한 행 한 행 시를 더듬어가는 장인의 오랜 노고와 고뇌가 느껴진다. 만萬 시간을 연마하는 연금술사의 그것처럼, 행간 읽기와 행간 쓰기에 힘을 보태는 시인의 마음 끝이 천장에 매달린 고드름의 벼린 날 끝처럼 날카롭다. 날이 선 '자기갱신自己更新' 에 우리의 마음자리도 따끔거린다.

그 시린 물빛은 어떤 빛일까.

갈 데까지 다 가서 더 이상
갈 데가 없는 막장 빛일까.
이리 치이고 저리 치이며 내몰려도
꾹꾹 참는 주먹 울음 빛일까.
일 없어도 늘 누군가에게 흠씬 두들겨 맞은 듯

온몸 쑤시는 푸르딩딩한 멍빛일까.

땅이 꺼진 줄도 모르고
그 움푹 파인 구덩이 속으로
한없이 끌려들어가는 자포자기 빛일까.
그래도 산 사람은 살아야지 끌려나오면서
마음 다잡아먹는 또 자포자기 빛일까.

그 시린 물빛은 어떤 빛일까.

시를 읽다 말고

도로가에 쏟아지는 빗줄기를 내다보다가
창문을 흔드는 바람을 물끄러미 쳐다보다가
천정을 보다가
바닥을 보다가

비 오네
바람 심하네
태풍이 장난이 아니네
혼잣소리를 중얼중얼하며
한참을 멍하니 앉아 있었는데
〈

혹 이런 빛일까.

그냥 멍하니 멍 때리는 빛.

뱃전을 때리는 빛.
광장을 떠도는 빛.

그 시린 물빛은 어떤 빛일까.

—「그 시린 물빛 봤어?」 전문

이번 시집에서 시인은 "그림에 시"를 더하는 한편, "시에 시"를 덧입히기도 한다. 위 시는 허문태의 시 「목포댁, 물빛」을 읽고 쓴 시라 시인 스스로 밝히고 있다. 거센 비로 내리는 "물빛"을 통해 뱃전의 '빛'과 광장을 떠도는 '빛'을 포착하고 있다.

위의 시처럼 그밖에도 시인이 쓴 타자의 "시에 시"는 꽤 여러 편이다. 안도현의 「순서」를 바탕으로 쓴 「수구守舊」와 정선희의 「얼치기 냉면역」을 토대로 쓴 「기차역과 냉면집은 무슨 상관이 있나」와, 박성준의 「기계들의 나라」를 시화한 「세상에! 생각하는 심장이라니?」 외에도 황인찬의 시와 가와바타 야스나리의 『설국』을 엮어서 다시 새로운 시로 탄생시킨 「새하얀 것들」, 최라라의 「천장」을 시화한 「모른 척」, 이경림의 시 「지렁이들」을 읽고 탄생한 시 「우리는 지금 우리끼리」 등등 다수의 시편들이 타자의 시 읽기를 통해 추동된 시작詩作을 실험적으로 보여주고 있으며, 아울러 자신의 시 「집중」을 소재로 쓴 시 「안개」를 선보이고 있다.

그 외에도 남태식 시인은 "영화에 시" (조현훈의 영화 「꿈의 제안」과 남태식의 시 「거짓말」, 「꿈꾸기」), "편지에 시" (이철수의 「나뭇잎 편지」와 남태식의 시 「가정의 완성」), "산문에 시" (최윤필의 산문 「순간을 사는 존재」와 남태식의 시 「존엄사 선언」)등 장르를 넘나들며 이야기를 소재로 삼아 다시 탄생한 남태식만의 이채로운 시편들을 다수 선보이고 있다.

> 가장 먼저 떠오르거나 떠올렸어야 하는 말이었으나 그 날 늦어서야 떠올랐던 말은 상처였다. 내 의식의 밑바닥에도 어떤 강박이 있었을까. 강박이 있었다면 이 강박 역시 상처겠지. 드러내어야 함에도 드러내지 않으려 애쓰는 상처.
>
> —「상처」 전문

그런데 무엇보다도 남태식 시인에게 "상처" 에 대한 관심은 각별하다. 시인은 상처를 낯선 것이 아니라 익숙한 것으로 부각하고 있다. 상처는 "가장 먼저 떠오르거나 떠올려야 하는 말" 이며, 때로는 "의식의 밑바닥" 의 "강박" 이 되기도 하는 말임에는 분명하다. 그러나 "드러내어야" 하고,

"드러내지 않으려 애쓰" 기도 하는 이중성이 있어서 상처는 곳곳에 익숙하게 자리 잡고 있으며 일상 가까이 포진해 있다. 이점이 바로 시인이 바라보는 '상처' 의 본원적인 모습인 것이다. 그러나 남태식 시인에게 '상처' 는 '치유' 가 열려있는 세계여서 그렇게 안타깝고 부정적인 것만은 아니다.

> 예술이라는 이름으로
> 문화라는 이름으로
>
> 함께 보고 듣고 즐기고 나누기도 하며
> 함께 우리 사는 세상을 살펴보기도 하며
> 함께 내 사는 공간을 새로 알아가기도 하며
> 함께 지친 몸에 생기를 불어넣기도 하며
> 함께 너머 세상의 꿈을 꾸기도 하며
> 함께 읽고 쓰고 만드는 재미를 배워가기도 하며
> 무너지는 공간을 다시 되세우기도 하며
> 잊혀지는 시간을 다시 되돌리기도 하며
>
> —「아우르더불어」 부분

예술과 문화에 대한 체험과 시적 영향관계는 남태식 시의 긍정적인 측면을 이끌어가고 있음을 알 수 있다. 곧 예술과 문화는 남태식 시인에게는 홀로 존재하는 각자의 것이 아니라 시와 '아우르다', 시 '거기에 더하다'를 합쳐서 "아우르더불어"로 인식되며 이들의 관계야말로 시적인 '상처'의 극복에 절대 필요하다. 「아우르더불어」는 시인이 전하려는 예술과 문화의 존엄한 가치의 발견으로도 여겨진다. 「아우르더불어」가 시집의 마지막 자리에 안착한 것은 그러므로 상처를 함께 치유하고자 하는 시인의 의지를 드러낸 것으로도 해석된다. '모여서 하나가 되고 거기에다 더하여 계속 나아가자'는 시인의 바람을 담아 시인이 창의적으로 생성해낸 시어詩語 "아우르더불어"는 '색色'의 시간을 건너 온 '빛'의 넉넉함을 믿는 시인의 '치유' 의지가 담겨 있는 것이다. 아우르더불어……. 남태식 시인이 40년 간 시詩에 바쳐 온 그 오랜 세월의 대가代價처럼, 시인의 미래는 '색色'을 지나 '빛'을 향해 한걸음 더 나아가고 있다.